GUÉRIR EN RÊVANT

Dieter Jeromin

ISBN: 9798872585930

Ce livre est dédié à tous ceux qui, dans les méandres de leurs rêves, cherchent un chemin vers la clarté, la compréhension et le bien-être. À ceux qui osent plonger dans l'océan de leur subconscient, désireux de déchiffrer les messages cachés derrière les voiles du sommeil. Que ce voyage à travers les pages vous offre la clé pour déverrouiller les secrets de vos rêves, vous guidant vers une vie plus éclairée et épanouie.

Puissiez-vous trouver dans ces lignes le courage de faire face à vos ombres nocturnes et la lumière pour éclairer vos pas vers la guérison. Ce livre est un hommage à votre quête de sens et à votre aspiration à aller mieux, guidés par la sagesse intemporelle de vos rêves.

PLAN DU LIVRE

Préface 1

Chapitre Un 5

Chapitre Deux 9

Chapitre Trois 15

Chapitre Quatre 23

Chapitre Cinq 31

Chapitre Six 57

Chapitre Sept 77

Chapitre Huit 79

Préface

Sans le sommeil, la vie serait une erreur.
Friedrich Nietzsche

Rien n'est impossible à l'homme qui peut rêver.
Arthur Schopenhauer

Les rêves sont les fenêtres de l'âme. Ils nous révèlent
ce qui se cache dans les profondeurs inexplorées de notre esprit.
Dr. Jeromin

L'exploration de l'esprit humain a pris diverses formes au fil des ans, avec des approches notables comme la psychanalyse de Freud, l'hypnothérapie et la thérapie par rêves lucides. Ces méthodes, bien que distinctes, partagent des concepts communs et peuvent s'interconnecter de manière fascinante dans la compréhension et le traitement de la psyché.

* * *

Psychanalyse de Freud

L'Inconscient : Freud a mis en lumière l'importance de l'inconscient dans la vie psychique. Ses théories sur les rêves comme exutoires pour les désirs refoulés sont fondamentales.

Symbolisme des rêves : Il a exploré le rêve comme une fenêtre sur l'inconscient, où les contenus refoulés sont déguisés en symboles.

Hypnothérapie

État modifié de conscience : L'hypnothérapie utilise l'hypnose pour induire un état de conscience modifié, permettant d'accéder à l'inconscient.

Suggestion et résolution de problèmes : Elle repose sur la suggestion pour aider à résoudre les problèmes psychologiques, s'attaquant aux racines inconscientes des comportements et des croyances.

Thérapie par rêves lucides

Conscience dans l'Inconscient : Les rêves lucides permettent d'explorer activement et consciemment l'inconscient, donnant un accès direct à des contenus psychiques autrement inaccessibles.

Contrôle et exploration : Cette approche offre un contrôle unique sur l'expérience du rêve, permettant d'affronter directement les problèmes, les peurs et les désirs.

Points de convergence

* * *

Exploration de l'Inconscient : Toutes ces méthodes visent à explorer et à interagir avec l'inconscient, bien que de manières différentes. Elles reconnaissent l'importance de cette partie cachée de notre esprit dans la compréhension de nos comportements et de nos expériences.

Rôle des symboles et métaphores : Freud a souligné l'importance des symboles dans les rêves, une idée qui trouve un écho dans les rêves lucides et l'hypnothérapie, où les symboles et métaphores sont également considérés comme des clés pour déverrouiller les messages de l'inconscient.

Résolution des conflits internes : Que ce soit par l'interprétation des rêves en psychanalyse, la suggestion en hypnothérapie, ou la confrontation directe en rêve lucide, ces approches visent à résoudre des conflits internes, souvent enracinés dans des expériences passées ou des traumas.

Autoconnaissance et guérison : elles partagent un objectif commun de guérison et de croissance personnelle à travers une meilleure compréhension de soi-même.

Limites et différences

Approches et techniques : Alors que Freud se concentre sur l'interprétation des rêves et les associations libres, l'hypnothérapie utilise la suggestion dirigée, et les rêves lucides permettent une exploration active et consciente.

Cadre théorique : Chacune de ces méthodes repose sur des fondements théoriques différents, avec des divergences significatives dans la manière de comprendre l'esprit et les processus inconscients.

* * *

Conclusion

La psychanalyse de Freud, l'hypnothérapie et la thérapie par rêves lucides offrent des perspectives uniques, mais complémentaires sur l'inconscient et la guérison psychologique. En combinant les insights de ces approches, nous pouvons obtenir une compréhension plus riche et nuancée de la psyché humaine et de ses mécanismes internes. Chaque méthode apporte sa contribution unique à l'énigme complexe de l'esprit humain et à notre quête incessante de bien-être et de compréhension de soi.

CHAPITRE UN

Introduction

Le rêve lucide est un phénomène fascinant où le rêveur prend conscience qu'il est en train de rêver. Cette prise de conscience se produit généralement au milieu d'un rêve en cours, transformant une expérience de rêve ordinaire en une expérience consciente et souvent contrôlable.

Caractéristiques du Rêve lucide

Conscience de Rêver : L'élément le plus distinctif du rêve lucide est la réalisation par le rêveur qu'il est en train de rêver. Cette prise de conscience peut survenir spontanément ou peut être induite par certaines techniques.

Contrôle du Rêve : Bien que la lucidité et le contrôle soient deux aspects différents, souvent dans les rêves lucides, le rêveur peut exercer un certain degré de contrôle sur l'environnement du rêve, les personnages, ou même le scénario du rêve.

Clarté et Vivacité : Les rêves lucides sont souvent caractérisés par une clarté accrue et une vivacité des sensations, des couleurs et des détails par rapport aux rêves non lucides.

* * *

L'intérêt pour le rêve lucide remonte à des temps anciens, mais c'est au cours du 20e siècle que le sujet a commencé à attirer une attention scientifique sérieuse. Voici un aperçu de l'évolution de l'intérêt pour le rêve lucide à travers l'histoire.

Antiquité et Temps anciens

Cultures anciennes : Des références aux rêves lucides peuvent être trouvées dans des cultures anciennes. Par exemple, dans le bouddhisme tibétain, la pratique du rêve lucide est un outil spirituel connu sous le nom de rêve Yoga.

Philosophes grecs : Des philosophes grecs comme Aristote ont fait des observations sur les rêves lucides, bien qu'ils n'aient pas utilisé ce terme. Aristote a remarqué, par exemple, qu'un rêveur peut être conscient pendant le rêve de savoir qu'il rêve.

Développement au 19e et au Début du 20e siècle

Marquis d'Hervey de Saint-Denys : Le premier travail significatif sur le rêve lucide a été réalisé par le Marquis d'Hervey de Saint-Denys, un sinologue français du 19e siècle. Il a publié un livre détaillant ses expériences de rêve lucide et a introduit l'idée qu'on pouvait apprendre à contrôler ses rêves.

L'Ère moderne et la Recherche scientifique

Celia Green (1968) : Célia Green a analysé les caractéristiques principales des rêves lucides dans son ouvrage « Lucid Dreams », contribuant à l'introduction du sujet dans le domaine de la psychologie académique.

* * *

Keith Hearne (1970 s): Keith Hearne a été le premier à fournir une preuve scientifique du rêve lucide en 1975. Il a utilisé des signaux oculaires prédéterminés d'un rêveur lucide pour prouver la conscience pendant le sommeil paradoxal.

Stephen LaBerge (1980 s) : Stephen LaBerge, un psychophysiologiste américain, a reproduit les travaux de Hearne et a popularisé les rêves lucides aux États-Unis. Il a fondé le Lucidity Institute pour promouvoir la recherche et l'enseignement sur les rêves lucides.

CHAPITRE DEUX

Comprendre le rêve lucid

Le rêve lucide est une expérience fascinante où la frontière entre conscience et inconscience s'estompe. Bien que chaque rêveur vive cette aventure intérieure à sa façon, on peut identifier plusieurs traits communs qui définissent le rêve lucide.

Tout d'abord, le signe distinctif de cet état est la prise de conscience au cœur même du rêve. Le dormeur réalise soudainement qu'il est en train de rêver. Cette réalisation peut être spontanée ou résulter d'un entraînement. Quoi qu'il en soit, elle ouvre les portes d'un monde onirique où tout devient possible.

Car une fois lucide, le rêveur acquiert un certain contrôle sur son rêve. Bien sûr, le degré de maîtrise varie selon chacun. Mais il est souvent possible de modeler l'environnement, de faire apparaître des personnages, de s'envoler ou de voyager instantanément. Certains arrivent même à modifier leur propre apparence dans le rêve !

Autre caractéristique : la vivacité des souvenirs.

Contrairement aux rêves ordinaires qui s'estompent au réveil, les rêves lucides laissent fréquemment des traces durables dans la mémoire. Le rêveur se remémore les moindres détails, les couleurs et sensations avec une clarté étonnante.

Ces rêves s'accompagnent également d'émotions décuplées. Joie exaltante de la liberté onirique ou peur intense face à un cauchemar, tout est ressenti de manière extrême.

Bien sûr, atteindre cet état fascinant demande quelques efforts. De la tenue d'un journal de rêves à la méditation, en passant par les tests de réalité, différentes techniques permettent de cultiver la lucidité.

Les applications thérapeutiques ou créatives ne manquent pas non plus, qu'il s'agisse de vaincre un trauma ou de stimuler sa créativité.

Chaque aventure de rêve lucide est unique. Sa fréquence varie d'une personne à l'autre. Mais une chose est sûre : qui goûte à ce monde ne le voit plus jamais de la même façon. La conscience y déploie ses ailes et révèle les trésors enfouis de l'esprit.

Si le rêve lucide peut sembler mystérieux, la science commence à lever le voile sur ce qui se passe dans notre cerveau pendant cette expérience fascinante.

Des études en imagerie cérébrale révèlent ainsi une activité accrue dans certaines zones du cortex préfrontal pendant le rêve lucide. Or cette région est associée à des fonctions cognitives importantes comme la conscience de soi. Cette découverte donnerait une base neurale à la prise de conscience qui définit le rêve lucide.

* * *

La modulation de neurotransmetteurs clés, comme l'acétylcholine ou la sérotonine, influence également nos cycles de sommeil et pourrait favoriser l'accès à l'état de rêve lucide.

Celui-ci survient d'ailleurs fréquemment pendant la phase de sommeil paradoxal, caractérisée par une intense activité cérébrale. Le cerveau scintille littéralement pendant les rêves les plus vifs !

Par ailleurs, on observe des changements dans les réseaux de connectivité cérébrale, signe d'une intégration complexe pendant le rêve lucide. Les régions associées à la conscience, la mémoire et l'émotion entrent en contact étroit.

Certains rêveurs lucides arrivent même à incorporer des stimuli externes dans leur rêve, indiquant une porosité fascinante entre perception et illusion onirique.

Enfin, des techniques de stimulation cérébrale se sont montrées capables de favoriser la lucidité, confirmant le rôle direct que joue l'activité neurale.

Grâce aux progrès des neurosciences, le fonctionnement du cerveau pendant le rêve lucide se dévoile peu à peu. Un monde insoupçonné s'ouvre à nous, où la frontière entre veille et songe s'efface. La science apporte un éclairage inédit sur cette expérience qui continue de nous émerveiller.

Bien que spontanés à l'origine, les rêves lucides se cultivent également à travers certaines pratiques.

La plus évidente est un entraînement régulier avec des

techniques spécifiques. Qu'il s'agisse de tests de réalité, de méditation ou de réveils intentionnels, une pratique fréquente augmente les chances de vivre la conscience onirique.

Tenir un journal de ses rêves aide aussi beaucoup. En notant ses songes, on renforce sa mémoire onirique et sa sensibilité aux signes de rêve lucide.

Certains stimulent leur esprit avant de dormir, en lisant sur le sujet ou en affirmant leur intention. Ainsi préparé, le cerveau reconnaît plus facilement un rêve lucide.

La méditation de pleine conscience affine également cette conscience de soi nécessaire pour prendre conscience dans le rêve.

Par ailleurs, des appareils avec lumières et sons permettent d'induire la lucidité depuis l'extérieur.

Des facteurs innés rentrent aussi en jeu. Certains traits de personnalité ou prédispositions génétiques favorisent ce type d'expérience.

Enfin, dormir sainement et cultiver son bien-être global optimisent la qualité des rêves lucides.

Ainsi, derrière le caractère parfois aléatoire des rêves lucides se cachent des leviers que chacun peut actionner pour vivre plus souvent ces aventures nocturnes extraordinaires.

Heureusement, la science nous offre aujourd'hui tout un arsenal pour cultiver ces moments de grâce que sont les rêves lucides. Voyons quelques-unes des méthodes les plus populaires.

La plus simple consiste à faire régulièrement des tests de réalité dans la journée. Regarder sa montre, essayer de respirer en se bouchant le nez… Ces gestes anodins entraînent à interroger notre état de conscience. Et augmentent nos chances de le faire même en rêvant !

Autre technique prometteuse : la méthode WILD. Elle implique de garder son esprit éveillé lors de l'endormissement, pour basculer directement dans un rêve lucide. Un exercice délicat, mais qui offre une expérience très riche.

La méthode MILD, développée par le psychologue Stephen LaBerge, consiste à se répéter avant de se rendormir qu'on va réaliser être en train de rêver. Ce mantra prépare le terrain de la lucidité.

Tenir un journal de ses rêves aide également beaucoup. On y repère des signes précurseurs de rêve lucide.

La méditation et la relaxation visuelle avant de dormir favorisent aussi cette conscience du songe. Tout comme certains masques lumineux qui stimulent le cerveau pendant le sommeil.

Enfin, la méthode WBTB propose de se réveiller brièvement avant de se rendormir en visant le rêve lucide.

Ainsi, quel que soit votre profil, il existe des techniques adaptées pour apprendre à piloter vos rêves. Et explorer les trésors cachés de votre inconscient !

CHAPITRE TROIS

Applications thérapeutiques du rêve lucide

Gestion et contrôle des cauchemars

Les cauchemars récurrents peuvent être une source importante de détresse psychologique. Apprendre à devenir lucide au sein d'un cauchemar offre aux rêveurs un moyen puissant de reprendre le contrôle et de transformer cette expérience négative.

Lorsqu'une personne réalise qu'elle est en train de faire un cauchemar, elle peut modifier consciemment le scénario, transformer la menace en quelque chose de positif, ou décider de s'éveiller. Cette capacité à orienter le contenu du mauvais rêve est extrêmement libératrice.

Les thérapies basées sur le rêve lucide apprennent aux patients souffrant de cauchemars chroniques à reconnaître quand ils sont dans un rêve. Ils peuvent ainsi éviter de revivre passivement leurs peurs nocturnes. Au contraire, ils deviennent acteurs de leur propre guérison.

Thérapie par le rêve lucide pour le TSPT

* * *

Le trouble de stress post-traumatique s'accompagne fréquemment de cauchemars très vivaces dans lesquels le trauma original est revécu. Or le rêve lucide offre un moyen sûr de confronter ces expériences terrifiantes.

Les thérapeutes spécialisés entraînent leurs patients à devenir lucides pendant leurs mauvais rêves. Une fois conscients d'être en train de rêver, ils peuvent affronter leur trauma de manière active, mais sans danger réel.

Cette exposition graduelle aux sensations pénibles, dans un cadre maîtrisé, contribue à désamorcer les émotions négatives associées. À terme, la fréquence et l'intensité des cauchemars diminuent. Le rêve lucide aide ainsi à soulager les souffrances liées au TSPT.

Exposition contrôlée dans l'environnement du rêve

De façon plus générale, les rêves lucides offrent un environnement unique pour pratiquer des thérapies d'exposition. Que ce soit pour des phobies, des souvenirs traumatiques ou des angoisses, le patient peut les affronter directement au sein du rêve, tout en sachant qu'il n'est pas en danger réel.

Cette caractéristique ouvre des perspectives prometteuses pour accompagner de nombreuses psychopathologies. Elle permet en effet une exposition graduelle et maîtrisée aux situations anxiogènes, dans un espace sécurisant où le patient garde le contrôle.

Les sensations vives ressenties en rêve contribuent à désamorcer progressivement les réactions émotionnelles négatives associées à ces expériences difficiles. Avec un accompagnement thérapeutique adéquat, cette approche novatrice aide de nombreux patients à surmonter leurs troubles.

Travail sur l'estime de soi et les compétences sociales

Le rêve lucide peut également être un outil précieux pour améliorer des compétences psychosociales. Par exemple, il offre un terrain d'entraînement idéal pour renforcer l'estime de soi ou développer des capacités relationnelles.

Dans le contexte protégé du rêve, il devient possible de s'exercer à prendre la parole en public, d'interagir avec autrui, ou d'affronter des situations difficiles. Le patient peut répéter ces mises en situation sans risque d'échec ou de jugement.

Ces répétitions mentales ont ensuite de vraies répercussions positives dans la vie sociale éveillée. Elles aident à ancrer les nouveaux comportements et à réduire l'anxiété. Le rêve lucide est ainsi un complément thérapeutique précieux sur le plan psychosocial.

Traitement des phobies

Les principes de l'exposition contrôlée en rêve lucide s'appliquent aussi aux thérapies de phobies spécifiques. Arachnophobie, aérophobie, agoraphobie, etc. Peuvent être traitées via cette approche.

Le patient apprend à reconnaître qu'il rêve lorsqu'il se retrouve confronté à l'objet ou la situation phobogène. Il peut alors interagir avec celle-ci en étant conscient qu'il n'y a aucun danger réel.

Affronter ainsi ses peurs les plus profondes dans un cadre maîtrisé modifie durablement la réaction émotionnelle du cerveau face à ces stimuli. À terme, cela désamorce les mécanismes inconscients déclencheurs de la phobie.

Amélioration de la qualité du sommeil

Chez les personnes souffrant de troubles du sommeil liés à l'anxiété ou aux cauchemars, apprendre à rêver lucidement peut avoir des bénéfices significatifs.

En permettant de réguler ses rêves dysphoriques, le rêve lucide améliore directement la qualité objective du sommeil. Les réveils nocturnes diminuent, le sommeil redevient réparateur.

Mais les effets positifs sont également indirects. Le simple fait de pouvoir agir sur ses cauchemars réduit le stress et l'anxiété associés. Le coucher redevient un moment serein au lieu d'être redouté. Tout ceci contribue à restaurer des nuits paisibles, essentielles à une bonne santé.

Développement personnel et résolution de problèmes

Au-delà des applications cliniques à proprement parler, le rêve lucide peut être un précieux outil de développement personnel.

Il ouvre un espace d'introspection privilégié, propice à la résolution de problèmes concrets ou de questionnements intimes. Dialoguer avec une part de soi-même ou explorer différents scénarios fournit un angle créatif sur les défis de la vie éveillée.

Sans remplacer une psychothérapie, ces moments de lucidité onirique aident à mieux se connaître et à cultiver la sagesse intérieure de chacun. Le rêve lucide devient ainsi un allié subtil sur le chemin de la connaissance de soi et de l'épanouissement.

Améliorer l'estime de soi et la confiance en soi

L'estime de soi joue un rôle essentiel dans notre santé mentale. Or le rêve lucide offre un moyen original de travailler sur ce pilier psychologique fondamental.

Dans l'espace protégé du rêve, il devient possible de s'imaginer dans des situations valorisantes. Le rêveur peut par exemple se visualiser réussissant un examen, donnant un discours avec assurance ou recevant les félicitations pour un projet abouti.

Ces petites victoires vécues en rêve, aussi imaginaires soient-elles, ont un impact profond sur l'inconscient. Elles permettent d'ancrer positivement l'image et la confiance en soi.

À l'inverse, le rêve lucide donne l'occasion de prendre du recul sur ses insécurités. Dialoguer avec ses peurs les plus handicapantes ou ses autocritiques permet de désamorcer leur emprise.

Ainsi, cultivé avec sagesse, le rêve lucide devient un puissant outil pour renforcer l'estime de soi. Il ouvre un accès direct à ces schémas inconscients qui influent tant sur notre rapport à nous-mêmes et aux autres. En transformant ces schémas, le rêve lucide transforme profondément notre vie intérieure.

Bien sûr, il ne s'agit pas d'une solution miracle à l'estime de soi. Mais intégré dans un travail psychothérapeutique global, le rêve lucide accélère significativement le cheminement vers une image positive et une confiance en soi retrouvée. Il révèle le pouvoir insoupçonné de transformation que recèle notre propre esprit.

Stimuler la créativité et la réflexion

L'état de conscience modifiée du rêve lucide en fait un terrain fertile pour la créativité. Libéré des contraintes de la logique, le rêveur peut laisser libre cours à son imagination et faire des associations inédites.

De nombreux artistes témoignent s'être inspirés de leurs rêves lucides pour des œuvres picturales, musicales ou littéraires. Le cinéaste Christopher Nolan s'est largement basé sur ses propres rêves pour créer l'univers onirique de Inception.

Les scientifiques aussi utilisent parfois le rêve lucide pour visualiser des solutions à des problèmes complexes. Le chimiste August Kekulé a ainsi affirmé que la structure de la molécule de benzène lui était apparue en rêve.

Concrètement, il est possible d'utiliser ses rêves lucides de différentes façons pour nourrir sa créativité ou sa réflexion :

Imaginer librement des univers oniriques débridés, sans limites.

Dialoguer avec son inconscient ou des figures symboliques.

* * *

Visualiser des solutions créatives à un problème concret.

Vivre par avance une situation et anticiper les issues possibles.

Laisser libre cours à sa fantaisie pour explorer de nouvelles idées.

Bien sûr, toutes les inspirations glanées dans les rêves lucides devront être approfondies à l'état d'éveil. Mais elles sont souvent un point de départ fascinant, permettant de voir les choses sous un angle radicalement neuf.

Avec un peu de pratique, le rêve lucide devient ainsi un fabuleux incubateur à idées ou un espace de réflexion sans limites. C'est tout le potentiel créatif de l'esprit qui s'en trouve décuplé.

CHAPITRE QUATRE

Approche thérapeutique proposée

La méthode thérapeutique que nous proposons s'appuie sur l'utilisation consciente et dirigée des rêves lucides. Ce processus innovant, à la frontière entre psychologie et neurosciences, offre une nouvelle voie pour aborder et traiter diverses problématiques psychologiques.

Fondements théoriques

La thérapie par le rêve lucide s'ancre dans la compréhension dont, lors d'un rêve lucide, l'individu est pleinement conscient de rêver et peut exercer un certain contrôle sur le déroulement de son rêve. Cette prise de conscience et cette capacité de contrôle ouvrent la porte à des interventions thérapeutiques ciblées. En effet, en état de rêve lucide, les barrières psychologiques sont souvent réduites, permettant un accès plus direct à des émotions et des souvenirs enfouis.

Techniques et Applications

La méthode se décompose en plusieurs étapes clés :

* * *

Formation à la Lucidité dans les Rêves : Initialement, le patient est formé à reconnaître et à induire des états de rêve lucide. Cela implique des techniques comme la vérification de la réalité, la tenue d'un journal de rêves, et des exercices de visualisation avant le sommeil.

Identification des Thématiques à traiter : En collaboration avec le thérapeute, le patient identifie des problématiques spécifiques à explorer ou à résoudre pendant les rêves lucides. Cela peut inclure des phobies, des traumatismes, des problèmes relationnels, ou encore des questions de développement personnel.

Planification des Scénarios de Rêve : Des scénarios de rêve sont élaborés pour aborder de manière constructive les problématiques identifiées. Par exemple, un patient avec une phobie des hauteurs peut être guidé pour rêver d'être en sécurité sur une haute montagne.

Exécution et Exploration dans le Rêve lucide : Durant les rêves lucides, le patient explore les scénarios préparés, expérimentant et interagissant avec les éléments du rêve d'une manière qui vise à résoudre les problématiques.

Analyse et Debriefing Post-Rêve : Après chaque session de rêve lucide, un débriefing est réalisé. Le patient et le thérapeute discutent ensemble des expériences vécues, analysant les émotions, les réactions, et les insights obtenus.

Avantages et Limites

Cette méthode offre un avantage unique : la capacité de travailler directement avec le subconscient dans un environnement contrôlé et sécurisé. Elle est particulièrement efficace pour les problématiques émotionnelles profondément enracinées et peut être une alternative ou un complément aux thérapies traditionnelles.

Cependant, il est important de noter que cette approche nécessite une aptitude à induire et à maintenir des états de rêve lucide, ce qui peut varier considérablement d'une personne à l'autre. De plus, cette méthode doit être encadrée par des professionnels formés pour éviter d'éventuelles répercussions psychologiques négatives.

En conclusion, l'utilisation thérapeutique des rêves lucides représente un domaine prometteur, ouvrant de nouvelles perspectives dans le traitement des troubles psychologiques. Sa mise en œuvre, bien qu'exigeante, offre des opportunités de guérison et de croissance personnelle hors du commun.

Étapes de la thérapie : induction du rêve lucide, exploration guidée, interprétation

Une psychothérapie intégrant le rêve lucide se déroule généralement en trois étapes principales :

Induction du rêve lucide :
Le patient apprend au préalable des techniques pour cultiver des rêves lucides, tels que la tenue d'un journal de rêves, les tests de réalité ou la méditation. L'objectif est de permettre au patient de prendre conscience qu'il rêve et d'orienter ses rêves de manière volontaire.

Exploration guidée :
Une fois le rêve lucide atteint, le thérapeute accompagne le patient pour explorer certains aspects oniriques. Il peut s'agir de confronter des peurs, résoudre des problèmes symboliques, dialoguer avec son inconscient, etc. Le thérapeute prépare en amont cet objectif thérapeutique.

Interprétation :
Dans une phase post-immédiate au réveil, le patient et le thérapeute discutent et interprètent conjointement

l'expérience de rêve lucide. Ils en extraient les enseignements et les liens avec la problématique traitée. Cette étape ancre le travail thérapeutique effectué.

Cette approche en trois temps permet d'exploiter tout le potentiel du rêve lucide à des fins thérapeutiques. Le patient devient acteur de son propre changement intérieur grâce à cet outil puissant qu'est la conscience onirique. Guidé par son thérapeute, le voyage au cœur de son subconscient lui permet de se transformer profondément.

Voici ces trois étapes encore une fois plus en détail :

Induction du Rêve lucide

L'induction du rêve lucide est la première étape critique de la thérapie. Elle implique plusieurs techniques visant à augmenter la probabilité de devenir lucide pendant un rêve. Ces techniques peuvent inclure :

Contrôles de Réalité : Le patient apprend à effectuer régulièrement des vérifications de réalité pendant la journée, ce qui augmente les chances de les répéter dans un rêve et de devenir lucide.

Techniques de Visualisation : Avant de dormir, le patient se concentre sur des visualisations spécifiques liées à devenir lucide dans le rêve.

Mnémoniques et Suggestion : Des affirmations ou des mnémoniques sont utilisées pour renforcer l'intention de se souvenir de devenir lucide pendant le sommeil.

Exploration guidée

* * *

Une fois le rêve lucide induit, l'étape suivante est l'exploration guidée. Cette phase est cruciale, car elle permet au patient de naviguer consciemment dans le rêve. Le thérapeute et le patient auront planifié des objectifs spécifiques pour cette exploration, tels que :

Confrontation de peurs ou d'anxiétés : Le patient peut choisir de faire face à des situations ou des objets qui provoquent de la peur ou de l'anxiété dans un environnement contrôlé et sûr.

Résolution de problèmes ou de conflits : Le rêve peut être utilisé pour simuler des scénarios où le patient travaille à résoudre des problèmes personnels ou interpersonnels.

Exploration de souvenirs ou d'émotions : Les rêves lucides peuvent permettre d'accéder à des souvenirs enfouis ou d'explorer des émotions complexes dans un contexte plus direct et intuitif.

Interprétation

La dernière étape est l'interprétation du rêve lucide. Après le réveil, le patient et le thérapeute discutent ensemble des expériences vécues pendant le rêve. Cette étape est essentielle, car elle permet de :

Analyser les symboles et les émotions : le rêve est souvent riche en symboles et en émotions. L'interprétation aide à comprendre leur signification et leur lien avec la vie éveillée du patient.

Intégrer les expériences du rêve : en discutant du rêve, le

patient peut commencer à intégrer les leçons et les éclairs de génie obtenus dans son rêve à sa vie quotidienne.

Planifier des Étapes futures : sur la base de l'interprétation, le thérapeute et le patient peuvent planifier des actions ou des changements comportementaux dans la vie réelle.

En résumé, cette approche thérapeutique structurée en trois étapes offre une voie prometteuse pour l'exploration et la résolution de problèmes psychologiques profonds. En permettant un travail direct avec le subconscient dans un environnement de rêve, elle ouvre de nouvelles possibilités pour la compréhension de soi et le développement personnel.

Les rêves lucides, en tant qu'outil thérapeutique, offrent une fenêtre unique sur le subconscient, permettant d'aborder des problèmes psychologiques complexes de manière innovante. Voici une série de cas cliniques qui illustrent l'application concrète et l'efficacité de cette méthode.

Cas 1 : Traitement de la Phobie

Problématique : Un patient, homme de 35 ans, souffre d'une phobie sévère des serpents, limitant sa capacité à participer à certaines activités extérieures.

Application du Rêve lucide : Dans ses rêves lucides, le patient s'est progressivement exposé à des serpents dans un environnement contrôlé, en commençant par les visualiser à distance, puis en interagissant avec eux de manière graduelle.

Résultat : Après plusieurs séances, le patient a signalé une diminution significative de sa réponse phobique dans la vie éveillée, augmentant ainsi sa qualité de vie et réduisant son anxiété.

Cas 2 : Résolution de Traumatisme

Problématique : Une femme de 28 ans, ayant subi un traumatisme dans l'enfance, éprouve des difficultés dans ses relations interpersonnelles et une faible estime de soi.

Application du Rêve lucide : Pendant les rêves lucides, elle a revisité les souvenirs traumatisants avec la présence d'un guide rêvé (symbolisant le thérapeute) qui lui a fourni soutien et réconfort.

Résultat : Cette approche a permis une nouvelle perspective sur les événements traumatisants, aidant la patiente à les recontextualiser et à atténuer leur impact émotionnel.

Cas 3 : Gestion de l'Anxiété et du Stress

Problématique : Un adolescent confronté à un stress intense et à de l'anxiété liés à la pression scolaire et sociale.

Application du Rêve lucide : En état de rêve lucide, il a été guidé pour créer des scénarios apaisants et pour pratiquer des dialogues internes positifs, renforçant son estime de soi et sa capacité à gérer le stress.

Résultat : L'adolescent a acquis des compétences en matière de gestion du stress et a rapporté une réduction notable de son anxiété, se traduisant par de meilleures performances scolaires et des relations interpersonnelles améliorées.

Cas 4 : Surmonter la Dépression

* * *

Problématique : Une patiente de 40 ans souffrant de dépression chronique et d'un manque de motivation.

Application du Rêve lucide : À travers les rêves lucides, elle a exploré des scénarios où elle surmontait des obstacles et atteignait des objectifs significatifs, renforçant son sentiment d'auto-efficacité.

Résultat : Ces expériences positives ont contribué à améliorer son humeur et sa motivation dans la vie réelle, fournissant un complément utile aux autres formes de thérapie qu'elle suivait.

Conclusion

Ces cas cliniques démontrent le potentiel des rêves lucides en tant qu'outil thérapeutique polyvalent. Ils offrent une approche personnalisée pour traiter une variété de problèmes psychologiques, en permettant aux patients de travailler activement sur leurs problèmes dans un cadre sûr et contrôlé. Bien que cette méthode nécessite des recherches et des développements supplémentaires, elle représente une voie prometteuse dans le domaine de la psychologie clinique.

CHAPITRE CINQ

12 cas cliniques typiques

La sélection de cas cliniques qui suit illustre la polyvalence et l'efficacité de la thérapie par rêves lucides dans le traitement de divers problèmes psychologiques et émotionnels. Ils mettent en lumière le potentiel de cette approche pour offrir de nouvelles perspectives et stratégies de guérison, aidant les individus à surmonter leurs défis et à améliorer leur qualité de vie.

Emma et la Conquête de l'Anxiété sociale
   Le Fardeau invisible

Emma, une jeune femme à l'aube de ses trente ans, portait en elle un fardeau invisible, mais lourd : une anxiété sociale paralysante. Chaque interaction, chaque regard échangé, chaque parole prononcée en public était pour elle une montagne infranchissable. Ses journées étaient rythmées par l'évitement et la peur, rendant chaque opportunité sociale une source d'angoisse insoutenable.

La Clé des Rêves

* * *

Le tournant est survenu lorsqu'elle a croisé le chemin d'une approche thérapeutique peu conventionnelle : la thérapie par rêves lucides. Guidée par un thérapeute expérimenté, elle a appris à naviguer dans le monde onirique avec conscience. C'était comme entrer dans un univers parallèle, un espace où les règles de la réalité ne s'appliquaient plus.

L'Arène onirique

Dans ses rêves lucides, Emma se trouvait souvent sur une scène, face à un public invisible. Au début, sa voix n'était qu'un murmure, ses mots se perdaient dans l'écho de sa propre peur. Mais nuit après nuit, elle revenait. Les personnages de ses rêves, manifestations de son subconscient, devenaient son public, ses interlocuteurs, ses défis à surmonter.

L'Apprentissage dans l'Irréel

Chaque rêve était une session d'entraînement, un lieu sûr pour expérimenter. Elle a appris à parler clairement, à tenir son regard, à gérer son trac. Elle a affronté des critiques, des moqueries, et même l'indifférence, toutes ces peurs qui la paralysaient dans la réalité. Mais dans le monde des rêves, elle pouvait les affronter sans conséquence, grandissant en confiance à chaque confrontation.

La Métamorphose

Peu à peu, la transformation a commencé à se manifester dans sa vie éveillée. Les situations qui autrefois déclenchaient une tempête d'angoisse en elle commençaient à sembler gérables. Elle a commencé à prendre la parole lors de réunions, à engager des conversations avec des collègues, à participer à des événements sociaux. Chaque petit pas était une victoire, un fragment de chaîne brisé.

La nouvelle Emma

Un jour, Emma s'est retrouvée à présenter un projet devant un grand groupe. Son cœur battait fort, mais sa voix ne tremblait pas. Elle a puisé dans ses expériences de rêve lucide, rappelant la force qu'elle avait cultivée dans ces mondes imaginaires. Elle a livré sa présentation avec assurance, et pour la première fois, elle a ressenti une vraie connexion avec son auditoire.

Conclusion

L'histoire d'Emma est celle d'une métamorphose, d'une jeune femme enchaînée par l'anxiété à une oratrice confiante. Grâce à la thérapie par rêves lucides, elle a découvert une salle d'entraînement unique pour son esprit, où elle a pu démanteler les murs de son anxiété brique par brique. Sa transformation a prouvé que parfois, les solutions les plus puissantes résident dans les territoires inexplorés de notre propre esprit.

Marc et le Sommet de ses Peurs
  La montagne intérieure

Marc, 45 ans, vivait avec une ombre qui le suivait partout : une peur viscérale des hauteurs. Cette phobie, bien que souvent invisible aux yeux des autres, était pour lui un obstacle quotidien, une montagne intérieure qu'il n'arrivait pas à escalader. Même la pensée d'une petite élévation lui donnait des vertiges, le clouant au sol de ses limitations.

* * *

L'Appel du Rêve lucide

La vie de Marc a pris un tournant inattendu lorsqu'il a découvert la thérapie par rêves lucides. Intrigué et quelque peu sceptique, il a décidé de plonger dans cet univers thérapeutique. Avec l'aide d'un thérapeute, il a appris à induire des rêves lucides, à s'y orienter et à interagir avec le tissu même de ses nuits.

Confrontation onirique

Dans le monde des rêves, Marc s'est retrouvé face à des précipices, des ponts suspendus, et des sommets vertigineux. Chaque nuit était un affrontement avec son propre esprit. Au début, la peur était accablante, même dans le rêve. Mais, sachant qu'il ne risquait rien, il a commencé à s'aventurer plus loin, à explorer ces hauteurs avec une curiosité grandissante.

Maîtrise du Paysage onirique

Petit à petit, Marc a appris à contrôler ces environnements. Il a créé des scénarios où il se sentait en sécurité, même en hauteur. Il a construit des ponts solides sur des précipices et a transformé des abîmes vertigineux en vallées accueillantes. Chaque rêve était un pas vers la conquête de sa peur.

La Révélation éveillée

Ces aventures nocturnes ont commencé à porter leurs fruits dans la réalité. Marc s'est surpris à regarder les escaliers et les balcons avec moins de crainte. Il a commencé à tester ses limites, grimpant des escaliers plus hauts, se tenant près de fenêtres donnant sur des vues plongeantes, chaque fois avec moins d'appréhension.

L'Ascension Libératrice

Le moment décisif est survenu lorsqu'il a accepté de partir en randonnée en montagne avec des amis — un rêve qu'il avait longtemps considéré comme inaccessible. Avec chaque pas sur les sentiers escarpés, Marc sentait sa vieille peur se dissiper, remplacée par un sentiment d'émerveillement et de liberté.

Conclusion

L'histoire de Marc est celle d'un homme qui a escaladé la montagne de sa propre peur, pas dans la réalité, mais dans le monde infini des rêves lucides. En apprivoisant sa phobie dans le paysage onirique, il a ouvert la voie à des expériences réelles qu'il n'aurait jamais imaginées possibles. Sa conquête des hauteurs dans ses rêves est devenue une métaphore puissante pour surmonter les obstacles dans sa vie éveillée, lui permettant finalement de vivre pleinement et sans limites.

Léa et la Clé des Souvenirs enfouis
Le Fantôme du Passé

Léa, une jeune femme de 25 ans, portait en elle un lourd secret : un traumatisme d'enfance qui l'avait marquée profondément. Ce souvenir, tel un fantôme, hantait ses jours et ses nuits, laissant une empreinte douloureuse sur chaque aspect de sa vie. Comme une ombre, il l'empêchait de vivre pleinement, de s'épanouir dans ses relations, et de regarder l'avenir avec espoir.

Le Voyage onirique

* * *

La rencontre avec la thérapie par rêves lucides fut pour Léa une lueur d'espoir dans l'obscurité de son passé. Accompagnée par un thérapeute expérimenté, elle a appris à plonger dans ses rêves avec une conscience éveillée, prête à affronter les démons de son passé.

Retour aux Origines

Dans le sanctuaire de ses rêves lucides, Léa a été guidée vers un voyage de retour vers son enfance. Là, elle a revécu les moments traumatisants, mais cette fois, elle n'était pas seule. À ses côtés, un guide onirique — une manifestation de sa propre sagesse intérieure — l'accompagnait, lui offrant réconfort et perspective.

Le Pouvoir de la Recontextualisation

Avec chaque rêve, Léa a commencé à voir son passé sous un nouveau jour. Le guide onirique l'a aidée à comprendre et à recontextualiser ses expériences douloureuses. Elle a appris à se voir non pas comme une victime, mais comme une survivante, une guerrière qui avait traversé les flammes de l'adversité.

La Confrontation libératrice

Un soir, dans le théâtre de son esprit, Léa s'est confrontée à l'incarnation de son trauma. Avec la force et le soutien de son guide, elle a pu s'adresser à cette partie d'elle-même, libérant des années de douleur et de culpabilité. Elle a pleuré, crié, et finalement, pardonné — à elle-même et aux ombres de son passé.

* * *

Renaissance

À son réveil, quelque chose avait changé en Léa. Les chaînes du passé avaient été brisées. Elle a commencé à se sentir plus légère, plus libre, comme si un poids avait été levé de ses épaules. Les flashbacks et les cauchemars qui la tourmentaient auparavant avaient perdu leur emprise sur elle.

Épanouissement

Avec le temps, Léa a retrouvé la joie et la sérénité dans sa vie quotidienne. Ses relations se sont améliorées, et elle a commencé à entrevoir un avenir plein de possibilités. La thérapie par rêves lucides lui avait offert un cadeau inestimable : la paix intérieure et la capacité d'avancer dans sa vie avec moins de douleur émotionnelle.

Conclusion

L'histoire de Léa est un témoignage de la résilience de l'esprit humain et de la puissance de la guérison onirique. En affrontant et en recontextualisant son passé dans le monde des rêves lucides, elle a trouvé un chemin vers la guérison, un chemin qui l'a menée hors de l'ombre de son traumatisme et vers la lumière d'une vie renouvelée.

Tom et la Piste des Rêves
    La Quête de la Perfection

Tom, un athlète déterminé et passionné, avait toujours cherché à repousser ses limites. Mais malgré son entraînement acharné et sa dévotion au sport, il se heurtait à un mur invisible qui l'empêchait d'atteindre le niveau supérieur. Sa soif d'amélioration le laissait souvent frustré et perplexe, cherchant une solution pour transcender ses performances actuelles.

L'Éveil à une Nouvelle Réalité

La découverte de la thérapie par rêves lucides est arrivée comme un souffle d'air frais dans la routine rigoureuse de Tom. Intrigué par la perspective de s'entraîner non seulement physiquement, mais aussi mentalement dans un espace sans limites, Tom s'est lancé dans l'aventure onirique avec l'espoir de débloquer son potentiel.

L'Arena Onirique

Dans le monde des rêves lucides, Tom a trouvé un terrain d'entraînement idéal. Là, il pouvait courir plus vite, sauter plus haut et pousser ses limites bien au-delà de ce que la réalité lui permettait. Chaque nuit, il entrait dans ce monde avec un objectif clair : perfectionner sa technique, affiner sa stratégie et renforcer sa confiance.

La Danse avec l'Impossible

Nuit après nuit, Tom se confrontait à des défis toujours plus grands. Il courait contre des adversaires plus rapides que le vent, sautait par-dessus des obstacles plus hauts que les nuages, et trouvait en lui des réserves d'énergie insoupçonnées. Chaque session de rêve était une opportunité de repousser les frontières de l'impossible.

Le Retour à la Réalité

Mais ce n'était pas seulement dans le monde des rêves que les changements se produisaient. Sur la piste, dans sa réalité d'athlète, Tom commença à remarquer des améliorations tangibles. Ses mouvements étaient plus précis, sa vitesse accrue, et son esprit plus aiguisé. Chaque entraînement réel semblait être influencé par les leçons apprises dans ses rêves lucides.

La Victoire des Deux Mondes

Le point culminant de cette transformation onirique est survenu lors d'une compétition importante. Tom se tenait sur la ligne de départ, non seulement avec son entraînement physique, mais aussi avec toutes les nuits de pratique mentale derrière lui. À ce moment, il savait qu'il était prêt. La course fut un triomphe, une célébration de chaque heure passée dans le monde des rêves et dans la réalité.

Conclusion

L'histoire de Tom est un témoignage éclatant de la manière dont les rêves lucides peuvent enrichir et améliorer notre réalité. En utilisant le monde onirique comme un espace pour l'entraînement mental et la préparation stratégique, Tom a pu déverrouiller un nouveau niveau de performance, prouvant que parfois, la clé de notre succès dans la réalité se trouve dans les territoires inexplorés de nos rêves.

Sarah et Max — Un Voyage onirique à deux
   Au Bord de la Rupture

Sarah et Max, compagnons de vie depuis une décennie, se trouvaient à un carrefour critique de leur relation. Les petits désaccords s'étaient transformés en conflits persistants, et la distance émotionnelle s'était creusée, laissant place à un silence lourd et à des regards qui ne se croisaient plus. La magie de leurs premiers jours semblait s'être dissipée dans l'air du quotidien.

La Clé des Rêves

Sur les conseils d'un thérapeute novateur, ils se sont aventurés dans le monde méconnu de la thérapie par rêves lucides. Chacun à son tour, ils ont plongé dans leurs propres psychés à travers des voyages oniriques, armés de la lucidité comme boussole.

Exploration intérieure

Dans ses rêves lucides, Sarah naviguait à travers des forêts denses et des océans tumultueux, métaphores de ses émotions et de ses craintes. Elle rencontrait des personnages oniriques qui représentaient différentes facettes de Max et de leur relation. Ces rencontres lui ont permis de revisiter leurs conflits sous un angle nouveau, dévoilant des sentiments enfouis et des désirs inexprimés.

Max, de son côté, explorait des villes en ruines et des ponts à reconstruire, symboles de leur relation fracturée et de son désir de réparation. Dans ses rêves, il dialoguait avec des versions de Sarah, apprenant à comprendre ses perspectives, ses peines et ses attentes.

La Révélation onirique

Ces voyages nocturnes ont dévoilé des vérités cachées, des peurs non avouées, et des espoirs oubliés. Sarah et Max ont découvert des aspects d'eux-mêmes et l'un de l'autre qu'ils n'avaient jamais vraiment vus ou compris. Leurs rêves sont devenus un espace de dialogue intérieur, où les émotions pouvaient s'exprimer librement, sans jugement ni conflit.

Le Renouveau

Armés de ces nouvelles compréhensions, leur communication dans le monde éveillé a commencé à changer. Les murs de la résignation ont cédé la place à des ponts de dialogue. Les conflits ont laissé place à des discussions constructives, où chaque mot était imprégné d'une compréhension plus profonde et d'une empathie renouvelée.

L'Harmonie retrouvée

Peu à peu, la distance entre eux s'est estompée. Les rires ont recommencé à remplir les pièces de leur maison, et les regards se sont de nouveau croisés avec affection et reconnaissance. Le voyage dans leurs mondes oniriques avait ravivé la flamme qui avait semblé s'éteindre.

Conclusion

L'histoire de Sarah et Max est un témoignage de la puissance de la compréhension intérieure et de l'empathie dans la résolution des conflits relationnels. Par la thérapie par rêves lucides, ils ont trouvé un chemin pour dénouer les fils emmêlés de leur relation, redécouvrant l'amour et le respect mutuel. Leur histoire rappelle que parfois, pour trouver des solutions aux problèmes du monde éveillé, il faut oser plonger dans les profondeurs de nos mondes oniriques.

David et le Sanctuaire onirique
  Le Poids du Monde professionnel

* * *

David, cadre supérieur dans une entreprise dynamique, portait sur ses épaules le poids écrasant du stress professionnel. Journées interminables, responsabilités accablantes et attentes élevées tissaient la toile de sa vie quotidienne. Chaque matin, il se réveillait déjà épuisé, comme s'il portait le monde entier sur ses épaules.

La Révélation des Rêves lucides

C'est dans cet état de fatigue chronique que David a découvert la thérapie par rêves lucides. Poussé par un mélange de curiosité et de désespoir, il a décidé de s'immerger dans cet univers inexploré, guidé par un thérapeute spécialisé dans les voyages oniriques.

Création d'un Refuge intérieur

Dans le monde des rêves lucides, David a appris à façonner son environnement. Il a créé un havre de paix, loin du tumulte de son monde professionnel. Des plages aux eaux cristallines, des forêts paisibles, et des montagnes majestueuses sont devenues les décors de ses nuits. Dans ces paysages oniriques, il trouvait la tranquillité et le repos dont son esprit avait tant besoin.

L'Art de la Détente onirique

Nuit après nuit, David explorait ces sanctuaires créés par son esprit. Il apprenait à relâcher les tensions, à respirer profondément, et à se libérer de l'emprise du stress. Ces sessions nocturnes de détente profonde devenaient une pratique régulière, rééquilibrant son état mental et émotionnel.

* * *

Transposition dans la Réalité

Peu à peu, les effets de ces voyages oniriques ont commencé à se manifester dans sa vie éveillée. David a remarqué une diminution notable de son stress au travail. Les défis professionnels, autrefois sources d'angoisse, étaient désormais abordés avec plus de calme et d'efficacité.

La Métamorphose

La transformation de David était évidente pour tous ceux qui le connaissaient. Ses collègues et subordonnés ont remarqué un changement dans son approche du travail — il était plus serein, plus concentré, et remarquablement plus efficace. Sa capacité à gérer le stress avait non seulement amélioré sa performance professionnelle, mais avait également positivement impacté l'ambiance générale de son environnement de travail.

Conclusion

L'histoire de David démontre le pouvoir des rêves lucides comme outil de gestion du stress. En créant un espace de détente dans ses rêves, il a réussi à transformer son expérience du stress dans la réalité, prouvant que parfois, les solutions aux défis de notre vie éveillée résident dans les recoins cachés de notre esprit onirique.

Julie et le voyage nocturne vers la sérénité
   La nuit, un labyrinthe sans fin

Pour Julie, chaque soirée était le début d'un combat silencieux. L'insomnie chronique avait transformé ses nuits en labyrinthes interminables, où le sommeil semblait toujours hors de portée. Chaque heure passée à regarder le plafond était une heure de plus dans son cycle de fatigue et de frustration. Le jour, elle était une ombre d'elle-même, épuisée, les pensées embrouillées par le manque de sommeil.

La découverte d'un monde onirique

C'est dans cet état d'épuisement que Julie a découvert la thérapie par rêves lucides. Poussée par la promesse d'un repos réparateur, elle a commencé à explorer cette technique sous la direction d'un thérapeute spécialisé. C'était sa lueur d'espoir, son fil d'Ariane dans le labyrinthe de l'insomnie.

La confrontation avec ses craintes

Dans ses rêves lucides, Julie s'est trouvée face à face avec les sources de son insomnie. Ses inquiétudes, ses peurs et ses stress quotidiens prenaient forme, se matérialisant dans des scénarios oniriques. Mais ici, dans le monde des rêves, elle avait le pouvoir de les affronter, de les comprendre et de les apaiser.

L'oasis de tranquillité

Nuit après nuit, Julie a construit dans ses rêves un sanctuaire de tranquillité. Elle imaginait des plages calmes, des forêts enveloppantes et des ciels étoilés. Ces paysages oniriques sont devenus son refuge, un endroit où elle pouvait relâcher son stress et ses tensions, se préparant ainsi à un sommeil véritablement réparateur.

Le Réveil dans un Nouveau Monde

Progressivement, les nuits de Julie ont commencé à changer.

Elle trouvait le sommeil plus rapidement, et ses réveils nocturnes, autrefois fréquents, devenaient rares. Chaque matin, elle se réveillait plus reposée, plus vivante, comme si elle avait enfin trouvé la clé du labyrinthe.

La transformation

La transformation de Julie était palpable. Ses yeux, autrefois fatigués et voilés par l'épuisement, brillaient maintenant d'une nouvelle énergie. Ses journées n'étaient plus des luttes pour rester éveillée, mais des occasions de vivre pleinement. L'insomnie, ce spectre qui hantait ses nuits, s'était évanouie, laissant place à des nuits de paix et de sérénité.

Conclusion

L'histoire de Julie est un voyage de redécouverte de soi, un périple où les rêves lucides ont servi de boussole pour naviguer à travers les troubles de l'insomnie. En affrontant ses peurs et ses inquiétudes dans le monde onirique, elle a trouvé la paix intérieure nécessaire pour un sommeil réparateur. Sa quête de la tranquillité nocturne est un rappel que parfois, les solutions à nos plus grandes difficultés résident dans les profondeurs inexplorées de notre esprit.

Anna et la Lumière au-delà des ombres
Un voile d'ombre

Anna, jeune mère, se retrouvait emprisonnée dans un brouillard invisible et étouffant : la dépression post-partum. Après la naissance de son enfant, ce qui aurait dû être une période de joie et d'émerveillement s'était transformé en une lutte quotidienne contre l'anxiété, la tristesse et une fatigue écrasante. Ses journées étaient teintées de gris, et elle se sentait déconnectée, non seulement d'elle-même, mais aussi de son nouveau-né.

La quête de guérison

Dans sa recherche d'aide, Anna a découvert la thérapie par rêves lucides. Avec un mélange d'espoir et de scepticisme, elle a entamé cette aventure thérapeutique, guidée par un expert des paysages oniriques.

La révélation onirique

Dans le monde des rêves lucides, Anna a commencé à explorer les profondeurs de son esprit. Ces voyages nocturnes sont devenus des sessions où elle pouvait librement exprimer ses émotions refoulées, confrontant ses peurs et ses incertitudes en tant que nouvelle mère.

Le jardin des émotions

Chaque nuit, dans ses rêves, Anna créait un jardin. Ce jardin symbolisait son monde intérieur, où chaque fleur, chaque arbre reflétait un aspect de ses émotions. En prenant soin de ce jardin, elle apprenait à prendre soin de ses propres besoins émotionnels.

Les rencontres oniriques

Dans ses rêves, Anna rencontrait souvent un personnage qui symbolisait son enfant. Ces interactions lui ont permis de ressentir une connexion profonde et authentique, libre des chaînes de la dépression. Elle a pu exprimer son amour, ses craintes et ses espoirs dans un espace où le jugement et la culpabilité n'avaient pas leur place.

* * *

L'Aube d'une Nouvelle Ère

Peu à peu, les séances de rêves lucides ont commencé à influencer la vie éveillée d'Anna. Elle a trouvé la force de parler de ses émotions, de chercher de l'aide et de se reconnecter avec son enfant. Chaque jour apportait un peu plus de lumière, dissipant lentement les ombres de la dépression.

La Renaissance

Au fil du temps, Anna a retrouvé sa joie de vivre et son énergie. Les rires et les sourires sont revenus, remplissant sa maison d'une chaleur oubliée. Elle s'est vue se transformer non seulement en une mère aimante, mais aussi en une femme épanouie, forte de son voyage intérieur.

Conclusion

L'histoire d'Anna est un témoignage puissant de la guérison et de la résilience. Par la thérapie par rêves lucides, elle a trouvé un chemin pour naviguer à travers les défis de la dépression post-partum, retrouvant sa connexion avec elle-même et avec son enfant. Sa transformation rappelle que même dans les moments les plus sombres, il existe des voies de lumière, souvent cachées dans les recoins de notre propre esprit.

Éric et le voyage nocturne de l'adieu
  Dans l'étreinte du chagrin

Éric, un homme au cœur autrefois joyeux se retrouvait submergé par les vagues tumultueuses du chagrin. Le décès de son épouse bien-aimée avait laissé un vide béant dans son existence. Les jours se succédaient dans une brume de tristesse, chaque moment lui rappelant cruellement son absence. Son monde, autrefois coloré par l'amour partagé, était désormais teinté de gris.

La Découverte d'un chemin onirique

Au plus profond de son désespoir, Éric a découvert la possibilité de la thérapie par rêves lucides. Intrigué et désespéré de trouver un réconfort, il s'est engagé dans cette voie, espérant y trouver une étincelle de paix.

Les portes du monde des rêves

Guidé par un thérapeute, Éric a appris à naviguer dans le monde des rêves lucides. Il a été introduit dans un espace où la réalité et la fiction se mêlent, un lieu où il pourrait affronter son chagrin dans un cadre à la fois sûr et transformateur.

L'adieu onirique

Dans ses rêves lucides, Éric s'est retrouvé dans des lieux qui lui rappelaient sa femme. Des jardins qu'ils avaient aimés, des plages où ils avaient marché main dans la main. Là, il a rencontré une figure symbolique de son épouse. Ce n'était pas elle, mais une représentation de tout ce qu'elle avait été pour lui.

Dans ces rencontres nocturnes, Éric a pu dire les mots qu'il n'avait pas pu exprimer. Les adieux, les regrets, les déclarations d'amour éternel. Chaque conversation était un pas dans le processus de guérison, une façon de libérer la douleur accumulée dans son cœur.

* * *

La Lumière au bout du Tunnel

Nuit après nuit, le fardeau d'Éric s'allégeait. Les rêves lui ont permis de traiter sa perte d'une manière profondément personnelle et symbolique. Il a commencé à accepter l'inacceptable, à comprendre que, bien que son épouse ait quitté ce monde, l'amour qu'ils partageaient resterait éternel.

La Renaissance

Peu à peu, Éric a retrouvé la capacité de vivre pleinement. Les souvenirs douloureux se sont transformés en souvenirs chéris, des moments à célébrer plutôt qu'à pleurer. Il a retrouvé le sourire, la force de s'engager à nouveau dans la vie, portant en lui un sentiment de paix et de gratitude pour les années partagées.

Conclusion

L'histoire d'Éric est un voyage poignant à travers le deuil et la guérison. La thérapie par rêves lucides lui a offert un espace pour faire face à sa perte d'une manière profondément significative, facilitant un processus de guérison qui aurait pu autrement rester inaccessible. Son parcours souligne la puissance de nos esprits à trouver la paix, même dans les circonstances les plus douloureuses, et rappelle que dans le monde des rêves, nous pouvons trouver la force de continuer dans le monde éveillé.

Charlotte et le Labyrinthe onirique de l'addiction
Les chaînes de la Fumée

Charlotte vivait avec un dragon caché dans l'ombre de ses

jours : une dépendance tenace au tabac. Chaque cigarette était un maillon de plus dans la chaîne qui la liait à son addiction. Elle avait tenté à maintes reprises de briser ces liens, mais chaque effort semblait ne faire que resserrer l'étreinte de cette habitude destructrice.

La découverte d'une voie insolite

C'est au cœur de cette lutte incessante que Charlotte a entendu parler de la thérapie par rêves lucides. Avec un mélange d'espoir et de scepticisme, elle a décidé d'explorer cette approche, se demandant si la clé de sa liberté pouvait se trouver dans les profondeurs de son propre esprit.

Voyage dans le Monde des rêves

Guidée par un thérapeute spécialisé dans les rêves lucides, Charlotte a commencé à explorer les paysages oniriques de son esprit. Dans ses rêves, elle s'est confrontée non seulement à son envie de fumer, mais aussi aux émotions et situations qui déclenchaient cette envie.

Le combat intérieur

Dans le théâtre de son subconscient, Charlotte s'est battue contre les manifestations de son addiction. Chaque rêve lucide était une bataille, où elle affrontait des représentations symboliques de sa dépendance. Parfois, c'était une tempête qu'elle devait traverser, d'autres fois, c'était un monstre qu'elle devait vaincre.

La force de la volonté

Au fil des nuits, Charlotte a commencé à renforcer sa volonté.

Elle a appris à reconnaître les déclencheurs internes qui la poussaient à fumer et a trouvé de nouvelles façons de les gérer. Chaque victoire dans le monde onirique lui donnait plus de force et de confiance pour affronter ses désirs dans le monde éveillé.

L'Aube d'une Nouvelle Ère

Peu à peu, les changements se sont fait sentir dans sa vie réelle. Charlotte a commencé à réduire sa consommation de cigarettes, trouvant que l'envie impérieuse de fumer s'estompait jour après jour. Chaque cigarette non fumée était un triomphe, un pas de plus vers la liberté.

Le triomphe sur l'addiction

Finalement, le jour est arrivé où Charlotte a écrasé sa dernière cigarette. Elle se sentait libérée, non pas seulement de l'addiction au tabac, mais aussi de la bataille intérieure qui l'avait consumée pendant si longtemps. La thérapie par rêves lucides lui avait offert un champ de bataille où elle pouvait affronter et vaincre son dragon intérieur.

Conclusion

L'histoire de Charlotte est celle d'une victoire personnelle, un témoignage de la puissance de la volonté et de l'imagination. Par la thérapie par rêves lucides, elle a trouvé un moyen de démanteler les fondations de son addiction, en se libérant des chaînes qui la retenaient. Sa lutte contre l'addiction dans le monde des rêves lui a permis de trouver la paix et la liberté dans la réalité.

Alex et le réveil des muses endormies

Le silence de la muse

Alex, un artiste au talent reconnu, se trouvait confronté à un ennemi invisible, mais redoutable : un blocage créatif. Les toiles restaient blanches, les pinceaux secs, et l'inspiration semblait s'être évaporée comme un mirage. Chaque jour passé sans créer ajoutait une couche de doute et d'angoisse. Alex se demandait si la source de son art s'était à jamais tarie.

La quête d'un Nouvel Horizon

Dans sa recherche désespérée de réponses, Alex a été introduit à la thérapie par rêves lucides. Curieux et légèrement sceptique, il a commencé à s'aventurer dans le monde des rêves éveillés, guidé par un thérapeute spécialisé dans l'exploration onirique.

L'odyssée onirique

Dans ses rêves lucides, Alex a commencé par errer dans des paysages abstraits, des villes flottantes et des forêts aux arbres chantants. Chaque nuit était une aventure, un voyage dans des mondes où les limites de la réalité étaient redessinées.

Les pinceaux de l'imagination

Peu à peu, ces expériences oniriques ont commencé à nourrir son esprit assoiffé de créativité. Dans ses rêves, il rencontrait des personnages étranges, des créatures fantastiques, et découvrait des couleurs qu'il n'avait jamais vues. Il peignait avec les étoiles, sculptait avec les nuages, et composait avec les murmures du vent.

* * *

Le réveil de l'artiste

Chaque matin, Alex se réveillait avec un sentiment renouvelé d'inspiration. Les images, les sons, et les sensations de ses rêves lucides infusaient son art d'une nouvelle vie. Les toiles blanches se remplissaient de couleurs vives, de formes audacieuses et d'histoires qui ne demandaient qu'à être racontées.

La Renaissance créative

Bientôt, Alex a produit une série d'œuvres nouvelles et originales, chaque pièce reflétant un fragment de ses voyages nocturnes. Ses créations capturaient l'essence des paysages oniriques qu'il avait explorés, mêlant réalité et imagination dans un dialogue visuel captivant.

L'exposition des songes

Lors de sa nouvelle exposition, intitulée « Songes éveillés », les visiteurs ont été transportés dans les mondes que seul Alex avait visités dans ses rêves. Les critiques ont salué le renouveau de son art, émerveillés par la profondeur et l'originalité de son travail.

Conclusion

L'histoire d'Alex est un hymne à la puissance de l'inconscient comme source d'inspiration artistique. En déverrouillant les portes de ses rêves lucides, il a trouvé un puits sans fond d'inspiration, prouvant que même dans les périodes de sécheresse créative, les graines de l'imagination peuvent germer et fleurir. Son parcours est un rappel que parfois, pour retrouver notre muse, nous devons simplement fermer les yeux et nous laisser emporter dans les bras de nos rêves.

Camille et le miroir des rêves
La Bataille Silencieuse

Camille, jeune femme d'une élégance fragile, menait une bataille silencieuse contre des troubles alimentaires. Chaque repas était un champ de mines émotionnel, chaque reflet dans le miroir un rappel cruel de ses luttes avec son image corporelle. Son monde était devenu un tourbillon de calculs de calories, de restrictions et de honte.

La découverte d'un monde parallèle

Au cœur de son combat, Camille a découvert un univers où les lois de la physique et de la psychologie se mêlaient étrangement : la thérapie par rêves lucides. Poussée par une lueur d'espoir, elle a commencé à explorer cette méthode thérapeutique, guidée par un spécialiste des rêves.

Les rêves comme champ de guérison

Dans ses rêves lucides, Camille a trouvé un espace où elle pouvait s'affranchir des chaînes de la réalité. Elle a commencé par créer des scénarios où elle se sentait à l'aise avec son corps, des endroits où la nourriture n'était plus un ennemi, mais une source de joie et de célébration.

La confrontation avec l'inconscient

Nuit après nuit, Camille s'est confrontée à ses peurs et ses insécurités. Elle a dialogué avec des personnages oniriques qui représentaient ses angoisses et ses désirs refoulés. Ces rencontres, parfois douloureuses, parfois libératrices, lui ont permis de déterrer les racines profondes de ses troubles alimentaires.

Le voyage vers l'acceptation

Chaque rêve lucide était un pas vers l'acceptation de soi. Camille a appris à embrasser son corps tel qu'il était, à reconnaître sa beauté et sa valeur au-delà des standards imposés. Elle a navigué à travers des paysages oniriques qui reflétaient son cheminement intérieur vers l'amour-propre.

La transformation éveillée

Progressivement, les changements dans le monde des rêves ont commencé à se répercuter dans sa vie éveillée. Camille a remarqué une évolution dans sa relation avec la nourriture et son corps. Les repas sont devenus des moments de plaisir plutôt que de stress, et le miroir a cessé d'être un ennemi.

La Renaissance de Camille

Au fil du temps, Camille s'est métamorphosée. Son regard sur elle-même et sur la vie s'était éclairci. Elle a commencé à vivre avec une nouvelle perspective, où la nourriture était une amie et son corps un compagnon de vie à chérir et à respecter.

Conclusion

L'histoire de Camille est un voyage de guérison et de redécouverte de soi. Par la thérapie par rêves lucides, elle a trouvé un moyen de défaire les nœuds complexes de ses troubles alimentaires, en se reconnectant avec elle-même d'une manière profonde et authentique. Sa transformation est une preuve que parfois, les clés de notre bien-être résident dans les territoires inexplorés de nos rêves.

CHAPITRE SIX

Conseils pratiques aux patients

Fréquence spontanée des Rêves lucides

Des chercheurs ont établi que 55 % de la population fait spontanément un rêve lucide au moins une fois dans sa vie, qu'environ 20 % font des rêves lucides une fois par mois et que seulement 1 % de la population en fait spontanément plusieurs fois par semaine, mais d'autres recherches ont également montré que pratiquement n'importe qui peut faire des rêves lucides en suivant un programme d'entraînement spécifique.

La fréquence à laquelle les rêves lucides se produisent spontanément varie considérablement d'une personne à l'autre. Cette variabilité est influencée par plusieurs facteurs, dont l'âge, les pratiques de sommeil, et même des traits de personnalité individuels.

Facteurs influant sur la Fréquence spontanée

Prédisposition naturelle : Certaines personnes semblent naturellement plus enclines à expérimenter des rêves lucides que d'autres, sans aucune formation ou pratique spécifique.

Âge : Les recherches suggèrent que les rêves lucides sont relativement fréquents chez les enfants et les adolescents. Cette fréquence a tendance à diminuer avec l'âge.

Habitudes de sommeil : Un sommeil irrégulier ou perturbé peut augmenter la probabilité de rêves lucides, probablement en augmentant le nombre de réveils nocturnes qui sont propices à l'entrée dans un état de rêve lucide.

Facteurs psychologiques : Des traits comme une grande imagination, une propension à la méditation, et la tendance à réfléchir sur ses propres pensées et émotions peuvent également influencer la fréquence des rêves lucides.

Fréquences moyennes observées

Occasionnels : La majorité des personnes ont probablement fait l'expérience d'au moins un rêve lucide au cours de leur vie.

Fréquents : Une petite proportion de la population fait l'expérience des rêves lucides de manière plus régulière, peut-être une fois par mois ou plus.

Rares : Certains individus peuvent n'avoir jamais eu de rêve lucide ou seulement des expériences très sporadiques.

Influence des techniques d'induction sur la fréquence des rêves lucides

L'utilisation de techniques spécifiques peut augmenter la fréquence des rêves lucides. Ces techniques comprennent :

* * *

Contrôles de réalité : Se familiariser avec la réalité pendant la journée pour favoriser la prise de conscience dans les rêves.

Mnémoniques : Utiliser des affirmations ou des techniques de suggestion avant de dormir pour augmenter les chances de devenir lucide.

Réveils intentionnels : Se réveiller pendant la nuit puis se rendormir avec l'intention de rêver lucidement.

Méditation et visualisation : Ses pratiques peuvent aider à établir un état d'esprit propice à l'expérience des rêves lucides.

Taux d'augmentation avec les techniques

Amateurs : Les débutants qui commencent à pratiquer ces techniques peuvent voir une augmentation modérée de la fréquence de leurs rêves lucides.

Expérimentés : Les personnes qui pratiquent régulièrement ces techniques peuvent expérimenter des rêves lucides plusieurs fois par semaine, voire plus fréquemment.

En résumé, bien que la fréquence des rêves lucides spontanés varie naturellement d'une personne à l'autre, l'application de techniques dédiées peut augmenter de manière significative la fréquence de ces expériences. Ces pratiques, cependant, exigent souvent un engagement et une discipline réguliers.

Différents programmes ont été établis pour induire le rêve lucide, et il a été observé que la combinaison appropriée de ces programmes peut augmenter significativement les chances d'obtenir des résultats rapides. Dans ce contexte, je vais présenter une procédure qui, selon mon expérience et les observations réalisées avec mes propres patients, offre généralement les meilleurs résultats.

Cette procédure est le fruit d'une synthèse des techniques les plus efficaces et des meilleures pratiques dans le domaine du rêve lucide. Elle prend en compte les différents aspects de l'induction du rêve lucide, en intégrant des méthodes éprouvées et adaptées aux besoins individuels de chaque personne. L'objectif est de fournir un cadre structuré et flexible qui puisse être personnalisé en fonction des expériences et des réactions de chaque individu.

Il est important de souligner que la réussite dans l'induction de rêves lucides peut varier d'une personne à l'autre en raison de différences dans les habitudes de sommeil, les traits de personnalité et la sensibilité au processus.

Dans les sections suivantes, je détaillerai chaque étape de cette procédure, en expliquant comment combiner efficacement les différentes techniques et en partageant des conseils pratiques basés sur mon expérience clinique.

Dans ma pratique, j'ai souvent apporté des modifications et des variations personnalisées avec mes patients individuels pour faciliter encore plus le processus en accord avec leurs dispositions personnelles. Chaque individu est unique, et par conséquent, certains ajustements peuvent s'avérer nécessaires pour s'aligner au mieux avec leurs expériences, leurs habitudes de sommeil et leurs traits psychologiques spécifiques.

Cependant, la procédure que je vais expliquer ici devrait

fonctionner pour la plupart des gens sans trop de problèmes. Cette méthode est conçue pour être suffisamment flexible pour s'adapter à un large éventail de personnes, tout en étant structurée de manière à fournir un cadre clair pour l'induction de rêves lucides.

Première Étape : Tenir un journal de rêves (Traumtagebuch)

Objectif

L'objectif principal de tenir un journal de rêves est d'améliorer la mémoire des rêves et de reconnaître des motifs récurrents ou des signes de rêve (Traumzeichen). Cette pratique aide le rêveur à devenir plus attentif aux détails de ses rêves, facilitant ainsi la prise de conscience pendant le rêve, un élément clé pour déclencher un rêve lucide.

Méthode

La méthode consiste à noter régulièrement ses rêves immédiatement après le réveil. Il est crucial de le faire aussi détaillé que possible. Les souvenirs de rêve ont tendance à s'estomper rapidement une fois éveillé, donc la rapidité et le détail sont essentiels. Cela inclut la description des environnements, des personnages rencontrés, des émotions ressenties et des événements survenus dans le rêve. Voici comment procéder :

Préparation : Gardez un cahier et un stylo à côté de votre lit ou utilisez une application de journalisation sur un appareil mobile. L'important est que l'outil soit facilement accessible dès le réveil.

Rédaction : Dès que vous vous réveillez, notez tout ce dont

vous vous souvenez de votre rêve. Si les détails semblent flous, commencez par les sentiments ou les images les plus marquantes et laissez votre mémoire vous guider.

Détails : Décrivez les éléments spécifiques - lieux, personnes, objets, actions, dialogues, et surtout, les aspects qui semblent inhabituels ou irréels. Ces détails peuvent devenir des indices pour reconnaître un rêve à l'avenir.

Analyse : Périodiquement, relisez votre journal pour identifier des motifs ou des éléments récurrents. Ces motifs peuvent devenir des « signes de rêve » qui vous alertent de l'état de rêve.

Exemples

Cas d'un rêveur : Par exemple, un individu note dans son journal qu'il rêve fréquemment de voler ou de rencontrer une personne spécifique. Ces éléments deviennent des indices pour reconnaître qu'il est en train de rêver.

Déclencheurs de lucidité : Un autre rêveur pourrait découvrir qu'il voit souvent des animaux inhabituels dans ses rêves. En prenant conscience de cette récurrence, il peut commencer à questionner son état (rêve ou réalité) chaque fois qu'il rencontre de tels animaux, augmentant ainsi ses chances de devenir lucide.

Raisons de l'effet

Tenir un journal de rêves augmente la sensibilité et l'attention aux détails du monde des rêves, ce qui renforce la mémoire des rêves et la conscience. Cette pratique habitue l'esprit à se rappeler et à être attentif aux expériences oniriques, ce qui est un prérequis pour la lucidité dans les rêves. En outre, reconnaître des motifs récurrents crée un pont entre la conscience éveillée et l'état de rêve, facilitant la prise de conscience pendant le rêve.

En résumé, le journal de rêves est un outil puissant pour développer la conscience de ses rêves et favoriser l'expérience de rêves lucides. Il est le premier pas vers une exploration plus profonde du monde des rêves et de ses possibilités illimitées.

Deuxième Étape : Faire des tests de réalité (Reality-Checks)

Objectif

L'objectif de cette technique est de développer l'habitude de remettre en question la réalité pendant la journée. Cette habitude, une fois établie, a de fortes chances de se manifester également en rêve. Lorsque l'interrogation sur la réalité devient un réflexe habituel, il est plus probable que le rêveur procède de même en rêvant, ce qui peut conduire à une prise de conscience soudaine qu'il est en train de rêver et ainsi induire un rêve lucide.

Méthode

Pour mettre en pratique cette technique, il s'agit d'effectuer régulièrement des tests de réalité tout au long de la journée. Voici quelques exemples de tests courants :

Respiration avec le Nez et la Bouche bouchés : Essayez de respirer tout en bloquant votre nez et votre bouche. Si vous parvenez à respirer malgré cela, c'est un indice fort que vous êtes dans un rêve.

* * *

Lecture et relecture : Regardez une montre, un texte ou un numéro, détournez le regard, puis regardez à nouveau. Dans la réalité, l'information restera constante, mais dans un rêve, elle peut changer de manière irréaliste.

Observation des mains : Regardez vos mains attentivement. Dans les rêves, les mains peuvent apparaître floues, déformées ou avec un nombre anormal de doigts.

Sauter ou voler : essayez de sauter ou de flotter. Si vous défiez les lois de la gravité, c'est probablement un rêve.

Le but est de rendre ces tests si habituels qu'ils se transposent automatiquement dans vos rêves, vous aidant ainsi à réaliser que vous êtes en train de rêver.

Raisons de l'effet

Les tests de réalité fonctionnent parce qu'ils entraînent le cerveau à questionner constamment l'état de conscience dans lequel il se trouve. En pratiquant ces tests régulièrement, le rêveur développe une sorte de vigilance mentale qui peut se manifester pendant les rêves, créant ainsi une opportunité de devenir lucide. Les rêves, bien que parfois réalistes, ont souvent des caractéristiques irréalistes ou impossibles qui, une fois reconnues, peuvent déclencher la lucidité.

Conclusion

Ces deux techniques de base — tenir un journal de rêves et faire des tests de réalité — sont essentielles pour toute personne débutant dans la pratique des rêves lucides. Elles aident à établir une fondation solide sur laquelle d'autres techniques plus avancées peuvent être construites. Ensemble, elles forment un cadre efficace pour augmenter la fréquence et la qualité des rêves lucides, offrant ainsi un point de départ accessible pour explorer le monde fascinant des rêves conscients.

Troisième Étape : Utiliser des Mantras (affirmations)

Objectif

L'objectif de l'utilisation de mantras dans la pratique des rêves lucides est de renforcer l'intention de devenir lucide pendant un rêve. Un mantra est une phrase ou une affirmation répétée, souvent avant de s'endormir, pour cultiver une intention ou un état d'esprit spécifique. Dans le contexte des rêves lucides, cela aide à conditionner l'esprit à reconnaître l'état de rêve et à initier la lucidité.

Méthode

La méthode consiste à se répéter mentalement une phrase ou une affirmation liée au rêve lucide juste avant de s'endormir. Cette répétition vise à imprégner l'intention dans l'esprit subconscient. Voici quelques exemples de mantras que vous pourriez utiliser :

Affirmation de la lucidité : Répéter une phrase telle que « Ce soir, je réaliserai que je suis en train de rêver » ou « Je serai lucide dans mes rêves ».

Affirmation de la clarté : Utiliser des affirmations comme « Mes rêves sont clairs et vivides » pour renforcer la qualité des images et des expériences dans les rêves.

* * *

Affirmation de la mémoire : Des phrases telles que « Je me souviendrai de mes rêves au réveil » peuvent aider à améliorer la capacité de se souvenir des rêves.

Il est important de choisir ou de formuler un mantra qui résonne personnellement avec vous. La répétition de ce mantra doit être faite avec conviction et attention, idéalement dans un état de détente et de concentration.

Raisons de l'effet

Les mantras fonctionnent en renforçant l'intention et en focalisant l'esprit sur un objectif spécifique. En répétant un mantra lié aux rêves lucides, vous programmez votre esprit subconscient à être attentif aux signes de rêve et à la possibilité de devenir lucide. Cela crée une sorte de conditionnement mental qui peut augmenter significativement la probabilité d'avoir des rêves lucides.

Les mantras sont particulièrement efficaces lorsqu'ils sont combinés avec d'autres techniques, comme la tenue d'un journal de rêves et les tests de réalité. Ils contribuent à créer une ambiance et une attente autour de l'expérience du rêve lucide, ce qui peut grandement influencer la fréquence et la qualité des rêves lucides.

Conclusion

L'utilisation de mantras est une étape importante dans la pratique des rêves lucides. Elle offre une approche simple, mais puissante pour aligner l'esprit conscient et subconscient avec l'objectif de la lucidité dans les rêves. Avec une pratique régulière et une intention claire, les mantras peuvent être un outil efficace pour accéder au monde fascinant et enrichissant des rêves lucides.

Quatrième Étape : Se réveiller puis se rendormir (Wake-Back-To-Bed, WBTB)

Objectif

La technique Wake-Back-To-Bed (WBTB) vise à favoriser l'entrée dans un état de rêve lucide en partant d'un état de conscience accrue. Cette méthode repose sur l'idée que retourner au sommeil peu de temps après s'être réveillé peut augmenter significativement la probabilité d'entrer dans un rêve lucide. Elle est particulièrement efficace pendant les cycles de sommeil paradoxal, une phase où les rêves sont plus fréquents et plus intenses.

Méthode

Pour mettre en pratique le WBTB, suivez ces étapes :

Planification du réveil : Programmez un réveil pour vous réveiller après environ 5 heures de sommeil. Cette période correspond généralement à la fin d'un cycle de sommeil complet et précède une phase de sommeil paradoxal.

Activité éveillée : Une fois réveillé, restez éveillé pendant une courte période (15 à 60 minutes). Pendant ce temps, vous pouvez vous engager dans des activités calmes qui favorisent l'état d'esprit nécessaire pour un rêve lucide, comme la lecture sur les rêves lucides, la méditation, ou la répétition d'un mantra.

Intention et retour au sommeil : Lorsque vous vous recouchez, faites-le avec l'intention claire d'entrer dans un rêve lucide. Visualisez-vous devenant lucide dans un rêve ou répétez mentalement votre mantra.

Raisons de l'effet

Cette technique est efficace, car elle tire parti de la proximité naturelle avec le sommeil paradoxal après s'être réveillé en milieu de nuit. L'état de conscience élevé obtenu pendant la période de veille augmente la probabilité de maintenir une certaine lucidité lors du retour au sommeil. En entrant dans un sommeil paradoxal alors que l'esprit est encore alerte et concentré sur l'intention de devenir lucide, les chances d'initier un rêve lucide sont nettement plus élevées.

Conclusion

Bien que la méthode WBTB soit plus exigeante en termes de perturbation du sommeil, elle peut offrir des résultats plus consistants et plus contrôlables pour ceux qui cherchent à expérimenter régulièrement des rêves lucides. Cette technique nécessite une certaine compréhension des états de conscience liés au sommeil et aux rêves, ainsi qu'une pratique régulière. Pour ceux qui sont déterminés à explorer activement le monde des rêves lucides, WBTB est une stratégie inestimable, à intégrer dans leur pratique.

Cinquième Étape : Entrer directement en rêve lucide (WILD)
   Objectif

La technique connue sous le nom de WILD (Wake-Initiated Lucid Dream) a pour objectif de passer directement de l'état de veille à un état de rêve lucide. Cette méthode permet d'entrer dans un rêve tout en maintenant une conscience continue du début à la fin. Elle se distingue en cela qu'elle permet de vivre un rêve lucide dès le début du cycle de sommeil, contrairement à d'autres techniques où la lucidité s'acquiert après être déjà entré dans un rêve.

Méthode

La pratique de WILD implique de conserver la conscience pendant le processus d'endormissement. Voici les étapes clés :

État hypnagogique : Pendant la transition vers le sommeil, l'état hypnagogique s'installe, caractérisé par des hallucinations visuelles ou auditives. Il s'agit d'un état de demi-conscience, où l'on commence à perdre le contact avec la réalité éveillée.

Concentration : Pour réussir WILD, vous devez vous concentrer sur des sensations corporelles, des images mentales ou maintenir un état de conscience détendue. L'objectif est de rester mentalement vigilant tout en permettant au corps de s'endormir.

Transition : Lorsque gérée avec succès, cette technique permet de glisser directement dans un rêve tout en restant pleinement conscient. Il est fréquent de ressentir des sensations de chute, de flottement, ou même d'entendre des bruits inhabituels lors de cette transition.

Raisons de l'effet

La méthode WILD fonctionne en exploitant l'état hypnagogique, une phase naturelle du processus d'endormissement. En maintenant une alerte mentale pendant cet état, le rêveur peut franchir le seuil du sommeil tout en conservant une pleine conscience. Cela crée une expérience de rêve lucide directe et immédiate, souvent avec une clarté et une intensité accrues par rapport aux rêves lucides induits plus tard dans le cycle de sommeil.

Conclusion

Bien que la pratique de WILD soit souvent perçue comme plus exigeante et moins accessible que d'autres techniques de rêve lucide, elle offre une voie directe et puissante vers l'expérience du rêve lucide. Elle nécessite un équilibre délicat entre relaxation et vigilance mentale et peut nécessiter un certain temps de pratique pour être maîtrisée. Pour ceux qui recherchent une exploration profonde et directe des rêves lucides, WILD représente une méthode de choix, offrant une expérience de rêve lucide potentiellement plus intense et immédiate.

Les rêves lucides offrent un monde de possibilités illimitées où les frontières entre la réalité et l'imaginaire s'estompent. Lorsqu'on devient capable de naviguer consciemment dans ses rêves, de nouvelles avenues s'ouvrent pour l'exploration personnelle, la créativité et le développement personnel. Voici un guide exhaustif pour maximiser les bénéfices de vos expériences de rêve lucide.

Définissez vos objectifs

Avant de vous endormir, réfléchissez à ce que vous voulez accomplir dans votre rêve lucide. Vos objectifs peuvent varier :

Exploration et aventure : Visitez des lieux exotiques, volez à travers le ciel, ou rencontrez des personnages fascinants.

* * *

Résolution de problèmes : Utilisez l'état de rêve pour trouver des solutions créatives à des problèmes de la vie réelle.

Développement personnel : Travaillez sur la confiance en soi, affrontez vos peurs ou pratiquez de nouvelles compétences.

Exploration spirituelle : Engagez-vous dans des pratiques méditatives ou explorez des questions philosophiques profondes.

2. Maintenez votre journal de rêves

Votre journal de rêves est un outil inestimable. Il aide non seulement à renforcer la mémoire des rêves, mais aussi à reconnaître des motifs récurrents qui peuvent être explorés dans les rêves lucides. Prenez note de tout, des détails les plus insignifiants aux expériences les plus étranges.

3. Pratiquez la clarté et le contrôle

Clarté : Une fois lucide, concentrez-vous sur les détails de l'environnement pour clarifier et stabiliser le rêve.

Contrôle : Expérimentez avec le contrôle de votre environnement onirique. Commencez par des modifications mineures, puis progressez vers des changements plus significatifs.

4. Expérimentez avec créativité

Les rêves lucides sont un terrain de jeu pour votre créativité. Écrivez une musique, peignez un tableau, ou construisez une ville entière. Les limites sont celles de votre imagination.

* * *

5. Utilisez les rêves lucides pour l'introspection

Prenez le temps d'explorer votre esprit. Posez des questions aux personnages de rêve ou à l'environnement lui-même. Ces interactions peuvent révéler des perspectives profondes sur votre subconscient.

6. Pratiquez la répétition et l'amélioration des compétences

Les rêves lucides peuvent être un outil efficace pour la pratique et l'amélioration des compétences. Que ce soit pour un discours, un sport, ou un instrument de musique, la pratique dans le rêve lucide peut avoir des effets positifs sur vos compétences éveillées.

7. Explorez les possibilités de guérison

Pour ceux qui font face à des traumatismes ou des phobies, les rêves lucides peuvent offrir un espace sûr pour explorer et travailler sur ces problématiques.

8. Développez une routine de sommeil saine

Une bonne hygiène de sommeil est essentielle pour des rêves lucides de qualité. Assurez-vous de dormir suffisamment et d'éviter les perturbateurs de sommeil comme la lumière bleue avant le coucher.

9. Réfléchissez et intégrez vos expériences

Après chaque rêve lucide, prenez un moment pour réfléchir à votre expérience. Qu'avez-vous appris ? Comment pouvez-vous intégrer cette expérience dans votre vie éveillée ?

* * *

10. Partagez et discutez de vos expériences

Partager vos expériences avec une communauté de rêveurs lucides peut être enrichissant. Cela vous permet de découvrir de nouvelles idées et d'approfondir votre compréhension des rêves lucides.

Conclusion

Les rêves lucides sont une aventure extraordinaire dans les profondeurs de votre esprit. En suivant ces étapes, vous pouvez tirer le meilleur

Les rêves lucides, bien que fascinants et potentiellement bénéfiques, doivent être abordés avec prudence et compréhension. Comme toute exploration de la psyché, il existe des limites et des risques potentiels à considérer.

1. Comprendre les limites

Distinction entre Rêve et Réalité : Il est crucial de maintenir une ligne claire entre les expériences de rêve et la vie réelle. Confondre les deux peut entraîner des désillusions ou des comportements inappropriés.

Limites des Capacités de Contrôle : Bien que les rêves lucides offrent un certain degré de contrôle, ils ne sont pas omnipotents. Certains aspects du rêve peuvent rester hors de portée ou inattendus.

2. Attention à la santé mentale

Risques pour les Personnes à risque : Les personnes souffrant de troubles mentaux ou de déstabilisation émotionnelle devraient aborder les rêves lucides avec prudence. Ils peuvent potentiellement exacerber certaines conditions psychologiques.

Éviter l'Évasion : les rêves lucides ne doivent pas être utilisés comme un moyen d'échapper à la réalité ou d'éviter des problèmes non résolus.

3. Éviter la dépendance

Dépendance au Rêve lucide : Comme toute activité gratifiante, les rêves lucides peuvent devenir addictifs. Il est important de maintenir un équilibre sain entre les rêves lucides et la vie éveillée.

4. Considérations physiologiques

Impact sur le Sommeil : Les techniques de rêve lucide, en particulier celles qui impliquent de perturber le cycle de sommeil, peuvent avoir un impact sur la qualité du sommeil. Il est essentiel de surveiller et de maintenir une bonne hygiène de sommeil.

5. Respecter les limites personnelles

Confrontation avec le Subconscient : Les rêves lucides peuvent parfois conduire à des confrontations inattendues avec des aspects profonds du subconscient. Il est important d'être préparé et de savoir quand reculer.

6. Intégration et réflexion

Intégration dans la Vie réelle : Les leçons ou les expériences des rêves lucides doivent être intégrées de manière saine dans la vie réelle. La réflexion et l'analyse consciente sont essentielles.

* * *

7. Sécurité et soutien

Recherche de Soutien : Si vous vous aventurez profondément dans la pratique des rêves lucides, il peut être utile d'avoir un réseau de soutien, qu'il s'agisse de proches informés ou d'une communauté de rêveurs lucides.

Conclusion

La pratique des rêves lucides est une aventure passionnante et enrichissante qui offre des opportunités uniques de croissance personnelle et de découverte de soi. Cependant, comme toute exploration profonde de l'esprit, elle doit être abordée avec respect, prudence et une compréhension claire de ses limites et risques potentiels. En prenant ces précautions, les rêveurs lucides peuvent naviguer de manière sûre et équilibrée dans ce paysage intérieur fascinant.

CHAPITRE SEPT

Conclusion

Le rêve lucide est une expérience fascinante où la frontière entre veille et sommeil s'efface. Grâce à cet ouvrage, nous avons exploré les multiples facettes de ce phénomène étonnant.

Nous avons découvert l'histoire et les origines anciennes du rêve lucide dans différentes cultures. Puis, nous avons retracé la redécouverte moderne de ce concept, avec les travaux pionniers de chercheurs comme Keith Hearne et Stephen LaBerge.

Les progrès des neurosciences nous ont ensuite permis de mieux comprendre ce qui se passe dans notre cerveau pendant le rêve lucide. Nous avons également vu comment induire et cultiver ce type d'expérience grâce à diverses techniques éprouvées.

Enfin, nous avons exploré les nombreuses applications thérapeutiques et créatives du rêve lucide. Des traitements novateurs de phobies ou traumatismes à la stimulation de la créativité, ce monde onirique recèle un fort potentiel.

* * *

Ainsi, ce livre nous a ouvert les portes d'un univers fascinant, où la conscience peut s'épanouir au-delà des frontières habituelles. Grâce à lui, le rêve lucide n'a plus de secret pour nous !

Cultiver ses rêves lucides est une aventure qui peut durer toute une vie. Ce livre vous a fourni toutes les clés pour apprendre à piloter vos rêves et explorer votre inconscient. Mais il ne s'agit que du début du voyage !

Si vous souhaitez aller plus loin et maîtriser totalement cet art, je vous invite à contacter un professionnel qualifié tel que moi-même. Mon expérience dans ce domaine me permettra de vous guider vers les aspects les plus profonds du rêve lucide.

Ensemble, nous pourrons travailler à personnaliser votre pratique en fonction de votre profil psychologique unique. Dépasser vos blocages, résoudre des problématiques enfouies, ou stimuler votre créativité : tout devient possible avec un accompagnement sur mesure.

Les rêves lucides sont une extension fascinante des capacités de notre esprit. Laissez-moi vous guider pour en tirer tout le potentiel. N'hésitez pas à me contacter dès aujourd'hui pour débuter cette aventure extraordinaire. L'inconscient recèle encore bien des trésors à découvrir. Le plus captivant des voyages ne fait que commencer !

CHAPITRE HUIT

À propos de l'auteur

Le Dr. Jeromin est une figure éminente dans le monde de la psychothérapie, avec une carrière diversifiée et riche qui s'étend sur plusieurs décennies. Après avoir mené des études poussées en médecine et en psychologie en Allemagne, en Italie et en France, il a acquis une expérience hospitalière significative, travaillant dans des établissements renommés tels que la Clinique Psychiatrique du CHU de Strasbourg et la Clinique de neurologie de Strasbourg.

En tant que spécialiste médical en neurologie et psychiatrie, le Dr. Jeromin a longtemps offert ses services en tant que médecin en libéral. Cependant, après plus de vingt ans de consultations en cabinet, il a récemment pris la décision de ne plus recevoir de patients en consultations présidentielles. Il continue néanmoins à accompagner un nombre limité de patients via la télémédecine, adaptant ainsi sa pratique aux besoins contemporains.

Dans son parcours en tant que thérapeute, le Dr. Jeromin a eu l'occasion de se familiariser avec une vaste gamme de techniques thérapeutiques. Cela inclut les thérapies brèves, la

Thérapie cognitive et comportementale (TCC), la psychanalyse, l'hypnose médicale, et les thérapies assistées par les rêves lucides. Son approche est caractérisée par sa capacité à intégrer ces différentes méthodes pour créer des stratégies de traitement adaptées à chaque patient.

Le Dr. Jeromin est également membre de l'American Academy of Neurology et a suivi des formations complémentaires en neurophysiologie. Son expertise est reconnue internationalement, comme en témoigne son rôle d'expert en psychiatrie à la Cour d'appel de Colmar et son implication dans des programmes de formation continue pour médecins.

À côté de sa carrière médicale, le Dr. Jeromin est un homme de passions diverses, incluant la navigation de plaisance, la plongée, le vol en ULM et parapente, ainsi que la radioamateur, la photographie et l'astronomie. Ces intérêts variés enrichissent sa compréhension de la vie et influencent positivement sa pratique thérapeutique.

Dans ce court ouvrage intitulé « Guérir en rêvant », qui complète le volume précédent « Le manuel du rêveur lucid », le Dr Jeromin explore l'utilisation thérapeutique du rêve lucide, offrant un aperçu fascinant des possibilités de guérison et de développement personnel que cette technique peut offrir. Ce livre est une ressource précieuse pour les professionnels de la santé mentale, les étudiants en psychologie et toute personne intéressée par les capacités extraordinaires de l'esprit humain.

Sélection d'autres ouvrages courants du même auteur également disponibles en français :

* * *

À l'ombre du raisonnement, 2020, 126 pages

Cahier d'exploration : Une chasse au trésor à travers « À l'ombre du raisonnement », 2021, 151 pages

L'Essentiel de la Neurologie : Un Manuel pour demain, 2023, 473 pages

Timothée et l'enchantement de la neurologie : Un périple initiatique, 2023, 541 pages

Fibromyalgie en Couleurs : L'essentiel par le Dr. Jeromin, 2023, 83 pages

Vanessa face à l'invisible : L'épreuve de la fibromyalgie, 2023, 75 pages

Les Secrets du Dragon invisible : Un Périple à travers la Fibromyalgie, 2023, 37 pages

Léo sur l'île mystérieuse des décisions rapides et réfléchies : Un voyage fantastique dans le labyrinthe de notre cerveau, 2023, 81 pages

Zoé remet à plus tard : L'art de vaincre la procrastination : conseils d'un psychiatre, 2023, 405 pages

Max face à l'abîme du désir virtuel : conseils d'un psychiatre pour surmonter l'addiction pornographique, 2023, 326 pages

Anne : de la rumination à la légèreté d'esprit, 2023, 41 pages

Le manuel du rêveur lucide, 2023, 63 pages

TABLE DES MATIÈRES

Foreword 1

Introduction 5

Comprendre le rêve lucid 9

Applications thérapeutiques du rêve lucide 15

Approche thérapeutique proposée 23

12 cas cliniques typiques 31

Conseils pratiques aux patients 57

Conclusion 77

À propos de l'auteur 79